ジョシュア・ウォン 守護霊の英語霊言

自由を守りぬく覚悟

RYUHO OKAWA
大川隆法

Preface

This is the real voice of him. "Him" means the Guardian Spirit of Joshua Wong.

As a living person, he is very famous in Hong Kong and the Western world. Because of his radical activities against Hong Kong Authority i.e. the Representative of Beijing, China.

He is a mere 22-year-old student. However, he might be or want to be one of the disciples of Jesus Christ.

We felt strong impression on his bravery and self-sacrifice attitude.

I hope this book will help his "Revolution" and set the Hong Kong People free. I'll pray for their "Victory".

Sep. 21, 2019

Master & CEO of Happy Science Group

Ryuho Okawa

まえがき

　これが彼の真実の声である。「彼」とはジョシュア・ウォン（黄之鋒）の守護霊（潜在意識）のことである。

　生きている本人は、香港や西洋世界ではとても有名である。なぜなら彼は、香港当局、つまり、中国政府の代理政権と激しくぶつかっているからである。

　ジョシュア・ウォンはほんの22歳の学生にしかすぎない。されど、彼はイエス・キリストの弟子か、そうありたいぐらいの人だろう。

　私たちは彼の勇気と自己犠牲の精神に深い感銘を受けた。

　私としては、この本が彼の目指す「革命」の一助となり、香港の人々が解放されることを望んでいる。彼らの「勝利」を祈ってやまない。

2019年9月21日
幸福の科学グループ創始者兼総裁
大川隆法

Preface 2

1 First Agnes and Now Joshua,
  Asking Their Guardian Spirits 12

2 The Real Victory for Hong Kong 22

3 His True Thoughts About Japan,
  the U.S. and Taiwan 32

4 "We are Asking the Consciousness of
  the People of the World" 50

5 The Guardian Spirit Analyzes Xi Jinping 58

6 The Power and the Limit of Christianity 70

7 "We Just Seek for Freedom" 84

8 His Tendency to Seek for Tragedy? 94

9 This is God's Revolution 110

10 After the Spiritual Interview 120

* This spiritual interview was conducted in English. The Japanese text is a translation.

まえがき 3

1 アグネス守護霊に続き、
  ジョシュア守護霊の霊言に挑戦 13

2 香港にとって本当の勝利とは 23

3 日本・アメリカ・台湾についての本心 33

4 「世界の人々に意識を向けてほしい」 51

5 ジョシュア守護霊、習近平を分析 59

6 キリスト教の力と限界について 71

7 求めるものは、ひたすら「自由」 85

8 悲劇を求める傾向性? 95

9 これは「神の革命」である 111

10 霊言を終えて 121

※本書は、英語で収録された霊言に和訳を付けたものです。

This book is the transcript of the spiritual interview with the guardian spirit of Joshua Wong.

These spiritual messages were channeled through Ryuho Okawa. However, please note that because of his high level of enlightenment, his way of receiving spiritual messages is fundamentally different from other psychic mediums who undergo trances and are completely taken over by the spirits they are channeling.

Each human soul is generally made up of six soul siblings, one of whom acts as the guardian spirit of the person living on earth. People living on earth are connected to their guardian spirits at the innermost subconscious level. They are a part of people's very souls and therefore exact reflections of their thoughts and philosophies.

It should be noted that these spiritual messages are opinions of the individual spirits and may contradict the ideas or teachings of the Happy Science Group.

本書は、ジョシュア・ウォンの守護霊霊言を収録したものである。

　「霊言現象」とは、あの世の霊存在の言葉を語り下ろす現象のことをいう。これは高度な悟りを開いた者に特有のものであり、「霊媒現象」（トランス状態になって意識を失い、霊が一方的にしゃべる現象）とは異なる。

　また、人間の魂は原則として６人のグループからなり、あの世に残っている「魂の兄弟」の１人が守護霊を務めている。つまり、守護霊は、実は自分自身の魂の一部である。

　したがって、「守護霊の霊言」とは、いわば、本人の潜在意識にアクセスしたものであり、その内容は、その人が潜在意識で考えていること（本心）と考えてよい。

　ただ、「霊言」は、あくまでも霊人の意見であり、幸福の科学グループとしての見解と矛盾する内容を含む場合がある点、付記しておきたい。

Spiritual Messages from the Guardian Spirit of Joshua Wong

September 19, 2019 at Happy Science General Headquarters, Tokyo

ジョシュア・ウォン守護霊の英語霊言
―自由を守りぬく覚悟―

2019年9月19日　東京都・幸福の科学総合本部にて

Joshua Wong (Wong Chi-fung) (1996 - present)

A Hong Kong activist currently attending the Open University of Hong Kong, and a Christian. He has been involved in church activities since his early childhood. Wong served as a central figure in the Umbrella Revolution, a democratization movement that occurred in Hong Kong in 2014. The same year, he was featured on the front cover of *TIME* magazine, and was included in its "25 Most Influential Teens of 2014." In 2016, Wong founded the political party Demosisto along with Agnes Chow and others, and has since served as its first secretary-general. In June 2019, he participated in the Anti-Extradition Law Amendment Bill demonstrations. He visited several countries and asked for their support on the pro-democracy movement in Hong Kong.

Interviewers from Happy Science

Motohisa Fujii

Associate Director
Special Assistant to Religious Affairs Headquarters
Director General of International Politics Division

Jiro Ayaori

Managing Director
Director General of Magazine Editing Division
Chief Editor of *The Liberty*
Lecturer, Happy Science University

Toshimitsu Yoshii

General Manager of International Politics Division
Religious Affairs Headquarters

* Interviewers are listed in the order that they appear in the transcript.
The professional titles represent the position at the time of the interview.

ジョシュア・ウォン（黄之鋒(こうしほう)）（1996 〜）

香港の社会運動家。香港公開大学在学中。クリスチャンで、幼少期から教会の社会活動に参加。2014年に香港の民主化デモ「雨傘革命」で中心的な役割を担う。同年米「TIME」誌の表紙を飾るとともに、「世界で最も影響力のあるティーンエージャー25人」に選ばれた。2016年にはアグネス・チョウらとともに政党「香港衆志(しゅうし)（デモシスト）」を創設し、初代事務局長を務める。2019年6月、「逃亡犯条例」の改正に反対するデモに参加。諸外国を訪問し、香港の民主化運動に対する支援を呼びかけている。

質問者（幸福の科学）

藤井幹久(ふじいもとひさ)　（宗務本部特命担当国際政治局長〔参事〕）

綾織次郎(あやおりじろう)　（常務理事 兼 総合誌編集局長 兼「ザ・リバティ」編集長
　　　　　　兼 HSU〔ハッピー・サイエンス・ユニバーシティ〕講師）

吉井利光(よしいとしみつ)　（宗務本部国際政治局部長）

※質問順。役職は収録当時のもの。

1 First Agnes and Now Joshua, Asking Their Guardian Spirits

Ryuho Okawa Today, I'd like to get the spiritual message from Joshua Wong, Ko Shihou, of Hong Kong Demosisto leader. About two days ago, on September 17, he made a speech at Congress, Washington, D.C. I've heard his English speech through CNN.

However, I'm afraid that his English speech was a little difficult for American people to follow.

1 アグネス守護霊に続き、
　ジョシュア守護霊の霊言に挑戦

大川隆法　今日は、香港デモシストのリーダーである ジョシュア・ウォンさん、黄之鋒(こうしほう)さんの守護霊霊言を録(と)ってみたいと思います。2日ほど前の9月17日に、彼はワシントンD.C.の議会で演説を行いました。私はCNNで彼の演説を聴きました。

　ただ、彼の英語の演説は、アメリカ人にとっては、やや、ついていくのが大変だったのではないかと思います。彼

Joshua Wong testifies at a U.S. congressional hearing on September 17, 2019. He called for American support in preventing the impending crisis: "We are confronted by the huge Chinese military buildup just across the border in Shenzhen. President Xi Jinping is unlikely to take bold action before the upcoming 70th National Day in October, but no one can be sure what's next."

2019年9月17日、アメリカ議会の公聴会で証言するジョシュア・ウォン氏。「私たちは、隣接する深圳(シンセン)での中国軍の増強に直面している。習近平国家主席は、建国70周年の日(10月1日)の前に大胆な行動には出ないだろうが、その後は誰にもわからない」と強い危機感を示し、アメリカの支援を訴えた。

1 First Agnes and Now Joshua, Asking Their Guardian Spirits

It might be, less than 50 percent American people can understand his English. His English was old British and Hong Kong English, so he couldn't have enough influence on American people through that speech. So today, I'd like to translate his Hong Kong English into easy Japanese English and want to spread what he wants to say to the world. So, I need your help. Is it OK?

I guess he is strong, and he just wants to think that, "To act is more than to make a speech." So, he cannot speak enoughly as *The Liberty* wanted. So, you need a little assistance to convey his real thinking to the people of the world.

(To the interviewers) So, is it OK? His English is a little old-fashioned and his thought is a little narrow for us because you are grown-up people. There is a difference between what he wants to say and what we understand and want to say. OK,

の英語が理解できたアメリカ人は50パーセントもいなかったかもしれません。彼の英語は、古いイギリス英語、香港英語でしたので、演説でアメリカ人に影響を与えることは十分にできませんでした。そこで今日は、彼の香港英語をやさしい日本人英語に翻訳して、彼が全世界に伝えたいことを広めてみたいと思いますので、あなたがたに手伝っていただく必要があります。よろしいですか。

　たぶん、強い方だと思いますし、「演説より行動のほうが価値がある」と考えたがる人かと思いますので、「ザ・リバティ」誌が望んでいるほど十分な話はできませんから、彼の本当の考えを世界の人々に伝えるために、あなたがたから多少、助けてあげる必要があります。

　（質問者たちに）では、よろしいですか。彼の英語は、やや古い英語ですし、あなたがたは大人ですから、私たちからすると、彼のほうはやや考え方が狭いところがあるので、彼の言いたいことと私たちが理解して言いたいことには多少、違いがあると思います。はい、まあ、やっ

anyway, I'll try. But his guardian spirit cannot speak Japanese, so today, we'll use English only.

We already published Agnes Chow's spiritual interview. In addition to that, we'll try the famous Joshua Wong. He was a cover figure of *TIME*. He started his activity from the age of 13 or 14, and in the former Umbrella Revolution, he was a leader at the age of 17 or so, same age as Agnes Chow, so he is the symbol of the Hong Kong activists, but in reality, his thinking cannot be seen enoughly for us. He might be just an activist, so is there any thinking for him or not, I don't know. And I've never surveyed what he had been in the past life. So, this is the first time, it's our try.

We are a very curious organization. We dispatched Agnes Chow's spiritual saying already, and it was attacked from China. Chinese people, more than maybe 100 million people read what

1 アグネス守護霊に続き、ジョシュア守護霊の霊言に挑戦

てみましょう。守護霊は日本語を話せませんので、今日は英語だけでやることにします。

幸福の科学は、すでにアグネス・チョウの守護霊インタビューを発刊していますが、さらに加えて、有名なジョシュア・ウォンに挑戦してみたいと思います。この方は雑誌「TIME」の表紙の写真にもなっています。13歳か14歳で活動を始めて、前回の雨傘革命の時には17歳ぐらいでリーダーをされていました。アグネス・チョウと同じ年ですね。ですから、香港の活動家たちのシンボルになっている方ですが、実際には、考えていることは十分には見えてきません。単なる「活動家」かもしれませんし、何か考えがある方なのかどうかは、わかりません。私も、彼が過去において何者であったかは一度も調査していませんので、今回が初の試みです。

当会は、まことに珍しい団体です。アグネス・チョウの守護霊が言った内容をすでに発信したところ、それに関して中国から攻撃を受けました。中国人の1億人以上が、アグネスの言いたいことを読んだと思われますが、

1 First Agnes and Now Joshua, Asking Their Guardian Spirits

Agnes wanted to say. But it was misunderstood because they omitted that it was conveyed by guardian spirit's words. They, Chinese people or Chinese mass media, conveyed the fact like, Agnes Chow was really interviewed by us. So, it's confusing, and we were also confused by what Agnes Chow said for us and for Chinese people. So, it's very dangerous in a common sense to try again Joshua Wong's spiritual saying, to get what he's thinking about.

Truly, truly, I want to say strongly, this is just the guardian spirit of Joshua Wong's saying, and not Ryuho Okawa's thinking, and not Happy Science thinking, and not Ryoko Shaku's thinking, and not Ayaori's thinking. This is just the spiritual being who is living in the heavenly world, and he's guarding Joshua Wong. So, please understand this truth, I ask for Chinese government, Beijing.

OK. We'll try, then.

1　アグネス守護霊に続き、ジョシュア守護霊の霊言に挑戦

「守護霊の言葉である」ということが省略されていたため、誤解されたわけです。中国人や中国のマスメディアは、アグネス・チョウさんが実際に私たちのインタビューを受けたかのように事実を伝えたわけです。ですから、混乱がありますし、私たちも、アグネス・チョウさんが私たちや中国の人々に言ったことについて困惑しています。ですから、常識的に言えば、またジョシュア・ウォンの守護霊霊言を試みて、彼の本心を聞き出そうとするのは、非常に危険は危険です。

　よくよく強調しておきたいのは、これはジョシュア・ウォンの守護霊が言っていることであって、大川隆法の考えでもなければ幸福の科学の考えでもなく、釈量子(幸福実現党党首)の考えでも綾織(「ザ・リバティ」編集長)の考えでもないということです。天上界に住んでいる霊的存在であって、その方がジョシュア・ウォンを守護しているのです。どうか、この真実を理解してくださるよう、中国政府にお願いしたいと思います。
　はい、それでは、いってみましょう。

1 First Agnes and Now Joshua, Asking Their Guardian Spirits

[*Claps once.*]

Mr. Joshua Wong, Mr. Joshua Wong,
Famous Hong Kong activist.
The guardian spirit of Mr. Joshua Wong,
Would you come down here?
This is Happy Science headquarters.
Would you come down here?
We are Happy Science.
The guardian spirit of Joshua Wong,
Would you come down here?

[*About seven seconds of silence.*]

1 アグネス守護霊に続き、ジョシュア守護霊の霊言に挑戦

(手を一回叩く)

香港の有名な活動家のジョシュア・ウォンさんよ、
ジョシュア・ウォンさんよ。
ジョシュア・ウォンさんの守護霊よ、
こちらにお越しいただけますでしょうか。
こちらは幸福の科学の総合本部です。
こちらにお越しいただけますでしょうか。
私たちは幸福の科学です。
ジョシュア・ウォンの守護霊よ、
こちらにお越しいただけますでしょうか。

(約7秒間の沈黙)

2 The Real Victory for Hong Kong

Joshua Wong's Guardian Spirit

[*Raises right fist as if to show his strength.*] Ugh, ugh, ugh! Ugh!

Fujii Hello, Mr. Joshua Wong.

Wong's G.S. Ugh! Ugh!

Fujii Thank you for coming down here, to Happy Science headquarters in Tokyo, today. We are very honored to have an opportunity to talk with you. Are you the guardian spirit of Joshua Wong?

Wong's G.S. Yes.

Fujii Yes. So, we'll begin the interview.

2　香港にとって本当の勝利とは

ジョシュア・ウォン守護霊　（右手の拳で天を突き、気勢を上げるように）ウォウ、ウォウ、ウォウ！　ウォウ！

藤井　こんにちは、ジョシュア・ウォンさん。

ウォン守護霊　ウォウ！　ウォウ！

藤井　本日は、東京の幸福の科学総合本部にお越しくださり、ありがとうございます。お話しする機会をいただき、大変、光栄に思います。ジョシュア・ウォンさんの守護霊様でよろしいでしょうか。

ウォン守護霊　そうです。

藤井　はい。それではインタビューを始めたいと思います。

Wong's G.S. Uh huh.

Fujii OK? You are now visiting the United States. What are you thinking now? Right now?

Wong's G.S. Hmm. It's very difficult. We are confronted with [*sighs*] Beijing's military, so we need the powers of foreign countries, but it's very difficult to move their mind or their direction of politics. I did my best, but it's very, very difficult, I think.

Fujii We have great respect in your pro-democracy activities in Hong Kong. You're one of the great, prominent young leaders, and I think you have a mission as a young person. Then, my question is, "What do you think is your mission as a young leader for Hong Kong movement?"

Wong's G.S. I'm not the representative of Hong

ウォン守護霊　はい。

藤井　よろしいですか。あなたは今、アメリカを訪問中ですが、現在、何を考えていらっしゃいますか。

ウォン守護霊　うーん。実に難しいものですね。私たちは（ため息）中国政府の軍隊と対峙しているので、諸外国の力が必要なんですけど、諸外国の心や政治の方向性を動かすのは、すごく大変で、できるだけのことはやったけれど、すごく難しいなと思ってます。

藤井　香港における、あなたの民主化運動は、本当に尊敬申し上げます。偉大な、傑出した若きリーダーの一人でいらっしゃいますし、一人の若者としての使命がある方だと思います。そこで質問ですが、香港の活動の若きリーダーとして、ご自分にはどのような使命があると思われますでしょうか。

ウォン守護霊　私は香港市民の代表じゃないんです。活

Kong people. I'm one of the activists, so my opinion is not the all of people. So, it is just my opinion, OK?

Fujii OK.

Wong's G.S. I want to protect the freedom of Hong Kong and want to preserve the democratic system of Hong Kong. That's all. Beijing wants to destroy our system, "one country, two systems" promise, they already have broken that promise. We have 50 years guarantee, but they have broken that promise. So, we protest against them.

Fujii In the end of last month, you were arrested again. Do you have any comment on that?

Wong's G.S. We just want to be as it is, as we have been so, but they want to deprive us of our fundamental rights. So, it's the only way for us to

動家の一人で、私の意見が全員の意見というわけではないので、あくまで私の意見なんですよ。よろしいですか。

藤井　はい。

ウォン守護霊　香港の自由を守り、香港の民主主義制度を維持したいと思っています。それが、すべてです。中国政府は私たちの制度を破壊したいんです。「一国二制度」の約束は、すでに破られています。50年間は保証されているのにその約束を破っているので、彼らに対して抗議してるんです。

藤井　あなたは、先月末に再び逮捕されましたが、その件に関して何かコメントはありますか。

ウォン守護霊　私たちは今まで通りでありたいだけなのに、彼らは私たちの基本的人権を奪おうとしています。彼らの攻撃的な姿勢に抗議するには、こうするし

protest against their aggressive attitude. We don't have any army or other police-like power, so we are just fighting against them through our words, or demonstration, or sitting in front of them, or sometimes made hunger-strike, or like boycotting college lecture. Very peaceful way of thinking, we have.

But they are becoming much hard resort to destroy our groups or our gatherings, or let people be tools by dint of great power, and behind them, there was Beijing's forcible military power. They have started counting on their (Beijing's) military forces.

So, there is not enough time for us. It's very dangerous, I think. So, we need some official comment from other powerful countries like Japan, or the United States of America, or England, or Germany, or like that.

か方法がないんです。私たちには軍隊その他、警察的な力がないので、言葉やデモで戦ったり、座り込みや、時にはハンガーストライキをしたり、大学の授業をボイコットしたりするしかないですよね。非常に平和的な考え方なんです。

でも、彼らは私たちのグループや集会を破壊するために、よりいっそう激しい手段に訴えるようになっています。強大な力を使って人々を〝道具〟にしたり、彼らの背後には中国政府の強圧的な軍事力があって、その軍事力を頼るようになってきてるんです。

ですから、私たちにはあまり時間がないし、非常に危険だと思っていますので、日本やアメリカやイギリスやドイツ等の強国から、何らかの公式コメントが必要なんです。

2 The Real Victory for Hong Kong

Fujii Recently, Chief Executive Carrie Lam withdrew the extradition bill. I think that one of your •five major requests was fulfilled. But, do you think it was enough?

Wong's G.S. [*Laughs.*] No.

Fujii No?

Wong's G.S. Of course not enough. Of course, as you know, it's not enough. It's a small victory. If Carrie Lam were a Hong Kong person herself, she should think so. This is not our victory. It is just the right thing for Hong Kong people. So, our real victory is to get democratic voting rights, fundamental rights, and equality. And we want to keep the prosperity of Hong Kong.

•**Five major requests** 1) The complete withdrawal of the Extradition Bill, 2) retraction of the proclamation that protests were riots, 3) independent investigation into police brutality, 4) the release of arrested protesters, and 5) implementation of universal suffrage.

2 香港にとって本当の勝利とは

藤井 最近、キャリー・ラム（林鄭月娥〈りんていげつが〉）行政長官が逃亡犯条例を撤回し、あなたがたの五大要求のうち一つが満たされたわけですが、それで十分だとお考えでしょうか。

ウォン守護霊 （笑）まさか。

藤井 十分ではないと。

ウォン守護霊 十分なわけ、ないでしょう。ご存じのとおり、十分でないに決まっています。〝小さな勝利〟にすぎません。キャリー・ラムだって、もし自分が香港人だったら、そう思うはずですよ。勝利なんかじゃありません。香港市民にとって正当なことだというだけのことです。本当の勝利とは、「民主的な投票権」や「基本的人権」や「平等」を手にすることです。そして、香港の繁栄を維持していきたいんです。

●五大要求　①「逃亡犯条例」改正案の完全撤回②デモ「暴動」認定の取り消し③警察の暴力に関する独立調査委員会の設置④デモ参加者の釈放⑤普通選挙の実現。

3 His True Thoughts About Japan, the U.S. and Taiwan

Fujii You mentioned Japan, the United States, and Germany. You visited Germany and the United States this month. Were they successful visits?

Wong's G.S. Hmm. It was broadcasted, but it's not enough. The influence is very limited. Of course, other countries, European countries and the United States, heard my voice a lot more than Japanese people or Japanese government, it's true. But it's not enough.

Fujii Do you have any special request to Japanese or Japanese government?

Wong's G.S. Oh, Japanese government is very

3　日本・アメリカ・台湾についての本心

藤井　日本、アメリカ、ドイツの名前が出ました。今月、ドイツとアメリカを訪問されましたが、訪問は成功だったのでしょうか。

ウォン守護霊　うーん。放送はされたけれど、十分ではないですね。非常に限られた影響力しかないので。もちろん他の国々、ヨーロッパ諸国やアメリカは、日本人や日本政府よりは私の声を聞いてくれたのは確かですが、十分だったとは言えません。

藤井　日本人や日本政府に対して、何か特に要請はありますか。

ウォン守護霊　ああ、日本政府は非常に厳しいですね。

difficult. We cannot imagine what Japanese government is thinking about. Maybe they are counting the visiting number of the foreign countries. For example, Korean visitors are declining, and they hesitate to hear like, "The Chinese customer's number to come to Japan is declining." It's their most fearful thing, I think so. I guess Japanese government just thinks about money only. So, it's very sad. Why can't they think in terms of righteousness or the law of God, or like that? We are very sad about that.

Ayaori What sort of pressure are you expecting from the U.S. or other countries?

Wong's G.S. Oh. I learned that Donald Trump's administration prepared for attacking Iran already, they said yesterday, because of the huge, what do I

何を考えてるのか見当がつきません。外国人観光客の人数を数えてるのかもしれません。韓国人の観光客も減ってるし、「中国人観光客の来日人数が減っている」とかは、聞くのが嫌(いや)で、いちばん、恐れていることだと思います。日本政府はお金のことしか考えてないんじゃないでしょうか。すごく悲しいですね。なぜ、「正義の観点」とか、「神の法」とかのことを考えられないのか。すごく残念なことです。

綾織　アメリカやその他の国々から、どういった圧力を期待されていますか。

ウォン守護霊　ああ。ドナルド・トランプ政権はすでにイランを攻撃する準備をしていると知りました。昨日、そう言ってました。巨大な、何でしたっけ、サウジアラ

3 His True Thoughts About Japan, the U.S. and Taiwan

say, oil tanks, I mean Saudi Arabia's oil tanks were attacked by someone. American authorities said that it was not by Yemen's people, but it was done by Iranian official's order, so they are prepared. They said, "We are prepared already." One of the top-ranked officials said so.

So, we just want to hear that kind of voice. "We are prepared for Hong Kong crisis!" If someone says so, we are saved from urgent attacking by Beijing.

Ayaori Mr. Trump's stance to Hong Kong is now changing. He will make a speech in the UN this month about religious freedom. What do you think of the change?

Wong's G.S. But as you know, there was a problem of Uyghur and Tibet or Mongolian people, so there

3　日本・アメリカ・台湾についての本心

ビアの石油タンクが何者かに攻撃されて、アメリカの当局は、「これはイエメン人ではなく、イラン高官の命令で行われたものだ」と。だから、（戦争の）準備ができているそうです。「すでに準備はできている」と、トップランクの高官が言ってました。

　私たちは、そういう声が聞きたいんですよ。「われわれは香港危機に備えて準備ができている！」と、誰かがそう言ってくれたら、目前に迫(せま)った中国政府の攻撃から救われるんです。

綾織　トランプ氏の香港に対するスタンスは、変わってきています。彼は今月、国連で宗教的自由に関して演説をする予定ですが、彼の変化については、どう思われますか。

ウォン守護霊　ご存じのとおり、ウイグルやチベット、モンゴルの人たちの問題があって、だから香港の問題も

occurred the Hong Kong problem. So, he will say something, but the most important thing is if he just wants to do something or not. He did nothing to North Korea, and then he will do nothing to protect Hong Kong people. He just says something, but it's his deal, I think. He wants to get more money from China because of the blocking of the free import system. So, "We are sorry," he thinks about that. It's not enough.

Yoshii Thank you very much. As you mentioned, you feel difficulty now, and you mean, you need some kind of physical tools, for example, specifically, armies to protect Hong Kong. You need this kind of concrete powers. Is that what you really want now?

Wong's G.S. There was a Taiwanese crisis in 1990s, and at that time, President Clinton sent two aircraft

起きたんです。トランプさんは、口では何か言ってくれるでしょうが、肝心なのは、何かをやる気があるかどうかです。彼は北朝鮮に対しては何もしなかったので、香港市民を守るためにも何もしないでしょうね。何らかの発言はするでしょうけど、彼なりの取引なんです。自由貿易システムを妨害して、中国からもっとお金を引き出したいんでしょう。「申し訳ない」と思ってはいるけれど、十分ではありません。

吉井　ありがとうございます。さきほど言われたように、困難を感じていらっしゃるのだと思います。香港を守るための、何らかの物理的な道具、たとえば、特に何らかの軍隊が必要だということだと思います。具体的な力です。それが現在、いちばんほしいものでしょうか。

ウォン守護霊　1990年代に台湾危機があった時に、クリントン大統領が空母を二隻(せき)、派遣したら、中国は本土

carriers. At that time, China stopped launching the rockets (ballistic missiles) from mainland. It was effective. So, we are asking for an effective way, but at this time, no one replied.

Fujii This month, you also visited Taiwan. What was your purpose to visit Taipei?

Wong's G.S. Taiwan has the same problem. They already know about that, that after Hong Kong crisis, there comes Taiwan crisis. They were attacked already by several means, next Taiwan presidency. Beijing wanted to control the election of Taiwan, so they have the same problem. So, we must make stronger our ties, so we need friends.

Fujii In 1997, at first, Chinese government promised "one country, two systems," but it is almost broken

からのロケット（弾道ミサイル）発射を中止しました。あれは効果があったので、私たちも効果のある方法を求めてはいますが、今回は応（こた）えてくれる人がいないんです。

藤井　今月、台湾も訪問されましたが、台北に行かれた目的は何だったのでしょうか。

ウォン守護霊　台湾も同じ問題をかかえています。香港危機の次にやってくるのが「台湾の危機」であることは、彼らもわかってるんです。すでに、次の台湾総統選が、いくつかの方法で攻撃を受けていますので。中国政府は台湾の選挙をコントロールしたいと思っていて、同じ問題を持っているので、彼らともっと強い絆（きずな）を結ばないといけませんし、私たちには友人が必要なんです。

藤井　1997年に中国政府は当初、「一国二制度」を約束したにもかかわらず、すでに、ほぼ破棄されています。

3 His True Thoughts About Japan, the U.S. and Taiwan

now. I think that Taiwan and Hong Kong has the same issue on "one country, two systems." How do you see this situation? What do you see is Chinese government's intention?

Wong's G.S. But Taiwan has their own army. They say they can resist for two weeks from Beijing's attack. During these two weeks, there will come some UN's army and stop it. They are just waiting for that. But we don't have enough power, we just have umbrellas [*laughs*] or stones, or like that. So, if Beijing military force wants to perish us, they will succeed in three days, I think so. So, it's an emergency, I guess so.

Ayaori About Taiwan, are you planning to support Tsai Ing-wen? Are you planning to do so?

台湾と香港は、「一国二制度」という同じ問題をかかえていると思います。この状況をどうご覧になられますか。中国政府の意図は何だと思われますか。

ウォン守護霊　でも、台湾には自国の軍隊がありますから。中国政府の攻撃を二週間は持ちこたえることができると言ってます。その二週間の間に国連軍が来て、止めてくれるだろうと。それを待っていればいいわけですが、私たちには力が足りなくて、雨傘とか（笑）石ぐらいしかないので、中国の軍隊が私たちを滅ぼそうと思えば、三日で片づくでしょう。ですから緊急事態だと思います。

綾織　台湾に関しては、蔡英文(さいえいぶん)総統を支持される予定でしょうか。

3 His True Thoughts About Japan, the U.S. and Taiwan

Wong's G.S. Oh? What did you say?

Ayaori Are you planning to support Tsai Ing-wen?

Wong's G.S. You asked me if I support her, or no?

Ayaori Her stance. Her opinion. She is now…

Wong's G.S. It's beyond my thinking. We are a very small power. Taiwan is larger than us. They have their own country now. They are surrounded by Chinese power, but they are more powerful than us. [*Laughs.*] You used the word "support," but if Taiwan supports us or not is the problem.

Ayaori She is now trying to support the Hong Kong

ウォン守護霊　え、何と言われましたか。

綾織　あなたは蔡英文を支持するおつもりですか。

ウォン守護霊　私が彼女を支持するかどうかを聞いているんですか。

綾織　彼女の立場、意見を支持しますか。彼女は今……。

ウォン守護霊　私はそこまで考えてはいません。私たちの力はすごく小さいし、台湾のほうが大きいですから。彼らには、自分たちの国があります。中国のパワーに包囲されてはいますが、私たちよりは力があります。(笑)〝支持する(支える)〟という言葉を使われたけれど、台湾が私たちを支えてくれるかどうかのほうが問題ですよ。

綾織　彼女は今、香港の方たちを支持しようとしていま

people. The Hong Kong people and Taiwan people can cooperate with each other, I think.

Wong's G.S. And they (China) destroy both, I mean.

Yoshii I want to ask you about your tour. First, you went to Taiwan, and my fellow member met you on September 4 and greeted you. Thank you for that time.

Wong's G.S. Ms. (Mayumi) Kobayashi?

Yoshii Yeah, yeah, yeah, yeah. You remember?

Wong's G.S. Uh huh.

Yoshii OK. Great. It was a very short time, but

す。香港と台湾の方たちは、協力し合うことができると思います。

ウォン守護霊　そして、どちらも滅(ほろ)ぼされるということですかね。

吉井　あなたの海外訪問についてお聞きします。まず、台湾に行かれましたが、私たちの仲間が9月4日にあなたに会ってご挨拶(あいさつ)しました。その節は、ありがとうございました。

ウォン守護霊　小林(真由美)さんですか。

吉井　ええ、ええ、はい、はい。覚えておられますか。

ウォン守護霊　はい。

吉井　そうですか。素晴らしい。短い時間でしたが、あ

thank you.

Wong's G.S. I got something about your opinion, Happy Science opinion.

Yoshii Yeah, thank you. Vice-Chairperson Isaac Cheng gave us a message yesterday, the real intension of Demosisto movement, so we really support your activity.

りがとうございました。

ウォン守護霊　あなたがたハッピー・サイエンスの意見は、多少は存じ上げてますよ。

吉井　はい、ありがとうございます。副主席のアイザック・チェンが昨日、デモシスト（香港衆志）が本当に目指すところについてメッセージをくださいました。私たちは、あなたがたの活動を心から支持しています。

4 "We are Asking the Consciousness of the People of the World"

Yoshii So, my question is about your tour. You went to Taiwan and Germany, and you are in the U.S. now. In the congressional hearing, you held the testimony to promote the act to support Hong Kong. And after that, I am curious about what you expect from the U.K. The U.K. is now in a very controversial issue, but it's kind of former home country for you, the U.K. What do you expect from the U.K. or Boris Johnson?

Wong's G.S. But the U.K. has their own problem, it's a Brexit problem. It's a main problem of them, so it's difficult for them. This kind of period, if they want to send some fleet from the U.K. to Hong Kong, it's astonishing. They are just thinking about

4 「世界の人々に意識を向けてほしい」

吉井　そこで、あなたの海外訪問について、お伺いします。あなたは台湾とドイツに行き、現在はアメリカにいらっしゃって、議会の公聴会で、香港を支持する法案を推進するために証言をされました。そして今度は、イギリスに何を期待されるのかを知りたく思います。イギリスは今、大論争になっていますが、ある意味、あなたがたにとって、かつての母国です。イギリスに、あるいはボリス・ジョンソンに、何を期待されますか。

ウォン守護霊　そうはいっても、イギリスにはイギリスの問題、EU離脱の問題がありますからね。それが彼らの中心問題なので、難しいと思います。こんな時期に、イギリスが香港に艦隊を派遣する気があるとしたら、驚きですよ。国内の政治問題で頭がいっぱいでしょう。

their inner political problem. Their combination between the EU and the U.K. is very important. Even Boris Johnson cannot do such kind of brave decision.

But I hope, I have expectation, that the U.K. and the EU will understand what we are thinking about. We just want to protect our fundamental rights, and our democratic society, and the freedom of voting, and the freedom to act, freedom of speech, and freedom of expression, and freedom of education. They can understand what we say, but we are not so enough power. In even the individual power, I'm not [*laughs*] Gandhiji, so what I said has not enough effect on other advanced countries. So, it's very sorry.

China, Beijing usually says that "This is the inner government problem, never say anything to us. Because of this inner problem, it's rude to say

EUとイギリスの関係は非常に重要なので、いくらボリス・ジョンソンでも、そんな思い切った決断はできないでしょう。

　それでも、イギリスやEUが私たちの考えを理解してくれればという望み、期待はあります。私たちは、基本的人権や、民主的な社会、投票の自由、行動の自由、言論の自由、表現の自由、教育の自由を守りたいだけです。彼らなら、私たちの言っていることはわかってもらえるでしょうけど、私たちには力が足りないんです。個人の力としても、私は（笑）ガンジー先生ではないので、発言をしても他の先進諸国に対して十分な影響力はありません。すごく残念ですけど。

　中国政府はいつも、「これは内政問題だから、口を出すな。国内問題なので、われわれの統治システム、政治制度に口出しするのは非礼である」と主張します。「中

something to our controlling system or political system." They say so. "China has Chinese style. Japan has Japanese style. America has American style. Europe has European style. This is China's way." They say so. So, it's very difficult.

And China is the second largest country in the world, in the economic meaning, so only the United States and maybe Japanese or total EU can say something to China. Or, of course, the Middle East people, if they say, "Stop your intrusion to Hong Kong. If you don't protect the fundamental rights of Hong Kong people, we will never sell you our crude oil" or so, if they can say so, they have some kind of power, but they will never say so because they want to sell their oil to mainland China.

So, Chinese higher officers can deal with us as they want to do. For example, they can attack militarily, of course, or they can stop our import, or

4 「世界の人々に意識を向けてほしい」

国には中国のやり方があり、日本には日本の、アメリカにはアメリカの、ヨーロッパにはヨーロッパのやり方がある。これが中国のやり方だ」と主張するので、きわめて難しいんです。

中国は経済面では世界第二位の大国なので、中国に物が言えるのはアメリカだけか、または日本か、EUが一体となってかぐらいです。あるいは中東の人たちが「香港への侵攻をやめよ。香港市民の基本的人権を守らなければ、原油は売らない」などと言えれば、一定の力があるけれど、彼らは中国本土に原油を売りたいから、そんなことは言えないでしょう。

ですから中国の高官たちは私たちに対して、やりたい放題なんです。当然、軍事攻撃もできれば、輸入を止めたり、電気や水道を止めたり、香港周辺に艦隊を派遣し

they can stop our electricity or water, or they can send their fleet around Hong Kong, or if they want to do, they will attack by their missiles to Hong Kong. We can't do anything about that. So, we are just asking the consciousness of the people of the world.

たり、あるいは、その気になれば香港にミサイル攻撃だってやれてしまう。私たちはそれに対し、どうすることもできません。ですから世界の人々に、意識を向けてほしいとお願いしているんです。

5 The Guardian Spirit Analyzes Xi Jinping

Fujii Now, Chinese National Day, October 1, is coming. This is a very critical moment right now in Hong Kong, for Hong Kong citizens.

Wong's G.S. [*In a joking manner.*] "Critical moment" is a very severe word for us.

Fujii What do you think about your future, or Hong Kong's future, especially in the near future? What is the situation? Xi Jinping is threatening Hong Kong citizens.

Wong's G.S. Xi Jinping is just fearing about the voices from the world. He is just afraid to lose his worldwide prestige, only. But he is never afraid of

5　ジョシュア守護霊、習近平を分析

藤井　今、中国では国慶節（こっけいせつ）が10月1日に迫っています。現在は、香港と香港市民にとっての死活的な局面です。

ウォン守護霊　（冗談っぽく）「死活的な局面」って……大変、厳しい言葉ですね。

藤井　あなたがた香港の未来、特にごく近い未来に関しては、どうお考えですか。状況はどうなのでしょうか。習近平は香港市民を脅（おびや）かしていますが。

ウォン守護霊　習近平は、世界からの声を恐れてるんです。世界的な威信を失うことだけが怖いんです。香港市民の力は全然怖くなくて、西側社会や、日本や、他の国々

our Hong Kong people's power, just he's thinking about the voices of the Western society, or Japanese, or other countries. He wants to intrude other countries, like as Mao Tse-tung did, like Tibetan country, and Uyghur country, and Mongolian country. They just want Hong Kong, and Taiwan, and Okinawa, the Philippines, Vietnam, or other countries, for example, the Middle East countries, and poverty countries. He already got the controlling power on Greece and Italy, and wants to have influence on Germany.

So he is the man of pride. Who can stop his pride, marching of his pride? I don't have enough power. And in this trip to Europe and the United States, I, myself, felt some kind of inferiority in my incapability to persuade the advanced countries' people or higher officers of their countries, like Agnes Chow couldn't do the best in Japan. She

5　ジョシュア守護霊、習近平を分析

の声のことだけを気にしてるんです。毛沢東がチベットやウイグルやモンゴルに侵攻したみたいに、他国に侵攻したいだけなんです。彼らは香港や台湾、沖縄、フィリピン、ベトナムや他の国、たとえば中東の国や、貧困国がほしいんです。彼はすでにギリシャやイタリアに言うことを聞かせる力がありますし、ドイツにも影響力を振るいたいんです。

　彼は「プライド」の人間なんです。彼のプライドが〝行進〟するのを止められる人がいるでしょうか。私の力では足りません。今回のヨーロッパとアメリカ訪問でも、自分の、先進国の人たちや高官を説得する力のなさに、一種の劣等感を覚えてしまいました。アグネス・チョウが日本で力を出せなかったのと同じです。彼女は、日本の総理大臣や閣僚や政府高官に会うことができませんで

couldn't meet the Japanese prime minister, or ministers, or government's higher-position officers. She just met the opposition parties' politicians. So, her influence was not enough.

We are very young, we are 22. We don't have enough credibility. We just dispatch voice of Hong Kong, so we are just a radio. So, the listeners, what they think about regarding our broadcasting news depends on the listeners all over the world, so we have some kind of difficulties. We are thinking like that. We need more power. But we can do small things only.

Fujii I hate to ask you this, but do you think there might be the second Tiananmen Square massacre in Hong Kong? We are very afraid of that.

Wong's G.S. It depends on Xi Jinping's own

5 ジョシュア守護霊、習近平を分析

した。野党の政治家に会えただけなので、影響力としては不十分でした。

　私たちは弱冠、22歳です。十分な信用もありません。「香港の声」を届けるだけの、ラジオみたいなものですよ。私たちが伝えるニュースについてどう思うかは、世界中のリスナーたち次第なので、ある種の難しさを感じています。そんなふうに思ってるんです。もっと力がないと駄目なのに、小さなことしかできなくて。

藤井　これをお聞きするのは心苦しいのですが、香港で「第二の天安門事件」が起きるかもしれないとは思われませんか。私たちは、それを非常に恐れているのですが。

ウォン守護霊　それは、習近平の判断ひとつです。私

5 The Guardian Spirit Analyzes Xi Jinping

decision only. So, it's not our decision, we cannot do anything.

Yoshii You are now thinking about the effective way to protect Hong Kong. So, what about this idea? For example, many foreign people are living in Hong Kong. Even you might think Japanese government is difficult, but there are Japanese living in Hong Kong, so if, as he (Fujii) said, the second Tiananmen were to happen, the Japanese government has the duty to protect their own nationals, their own people, then in this case, to protect their own country's people, the fleet or something can gather around Hong Kong for purely humanitarian purpose. What do you think about this idea?

Wong's G.S. It will be difficult because Beijing is

たちが決めることではないので、どうすることもできません。

吉井　香港を守る効果的な方法を考えていらっしゃるわけですよね。たとえば、こんなアイデアはいかがでしょうか。香港には外国人が大勢、住んでいます。あなたも、日本の政府は難しいとお考えかもしれませんが、香港には日本人も住んでいますので、彼（藤井）が言ったように、「第二の天安門事件」が起こるかもしれないとすると、日本政府に自国民を守る義務があります。その場合は自国民を保護するために、純粋に人道上の目的で、艦隊や何かを香港に集結させることは可能です。このアイデアは、いかがですか。

ウォン守護霊　それは難しいと思います。中国政府は私

cleverer than us. They will let Japanese people free and fly to Japan. And after that, they will perish us. So, we cannot expect so much about that.

Ayaori I think Hong Kong is the only place in China you can do democratic protests. What do you think about the value of Hong Kong in China?

Wong's G.S. We are Christians. Main people of Demosisto are Christians. Roman Catholic Pope will come to Japan, in this November or so? It has some meaning. Pope will ask Mr. Abe to save Hong Kong people from China's rude way. So, it's one chance, I think.

But Mr. Abe is a difficult person to deal with, so he will smile and say nothing. Both two, Pope and Mr. Abe, will pray for peace in Hiroshima and Nagasaki and Tokyo Dome, and that's all. That's

たちより頭がいいんです。彼らは日本人を自由にして、日本に帰らせるでしょう。その後で私たちを滅ぼすでしょうから、それに関しては、あまり期待はできません。

綾織　香港は、民主的な抗議ができる中国で唯一の場所だと思います。中国における香港の価値については、どうお考えですか。

ウォン守護霊　私たちはキリスト教徒です。デモシストの中心メンバーはキリスト教徒なんです。ローマ法王が日本に来るのは、11月頃でしたっけ。それには何らかの意味があります。法王は安倍さんに、中国の乱暴なやり方から香港の人々を救ってほしいと頼むでしょう。それは一つのチャンスだと思います。

　でも、安倍さんは扱いづらい人なので、笑顔を見せるだけで何も言いません。法王と安倍さんが二人そろって、広島や長崎や東京ドームで平和のために祈って、それで終わりですよ。それが結論で、何もしてくれません。そ

the conclusion, and they do nothing. It might be the result of the pope's visit to Japan. Even the pope of Roman Catholic can do nothing, so how can Joshua Wong do anything more than that?

They, "they" means the Beijing people, will kill me in the near future. Please send Hong Kong the cross as (at the time of) the Jesus Christ's death. It's your good present for me. It has a very strong impression for all the Christian people of the world.

5　ジョシュア守護霊、習近平を分析

れが法王の日本訪問の結論かもしれません。ローマ法王でも何もできないのに、ジョシュア・ウォンにそれ以上の何ができるもんですか。

　私はそのうち中国政府に殺されますから、どうか香港にイエス・キリストが亡くなった時みたいな十字架を送ってください。それが私にしていただける、何よりのプレゼントです。世界中のキリスト教徒に強烈な印象を与えると思います。

6 The Power and the Limit of Christianity

Ayaori Sorry, I don't think so, but could you tell us about the importance of faith in your political activities?

Wong's G.S. If I were not Christian, I couldn't have such kind of braveness. I fought for almost seven years or so. I was a boy, and now I'm a younger student, but the trust in Jesus Christ made me stronger and stronger. So, we are praying for the saving of Jesus Christ. Something will happen. We are waiting for that.

Fujii As a guardian spirit, do you have some connections with Jesus Christ?

6　キリスト教の力と限界について

綾織　失礼ながら、そうは思いませんが、あなたがたの政治活動における信仰の大切さについて、お話しいただけますか。

ウォン守護霊　もし私がキリスト教徒でなかったら、そこまで勇敢なことはできません。私は7年ほど戦ってきました。最初は少年で、今は若い学生ですが、イエス・キリストを信じる心が私をますます強くしてくれました。ですから私たちは、イエス・キリストの救いを求めて祈ってるんです。何かが起きるでしょう。それを待っているんです。

藤井　守護霊として、あなたはイエス・キリストと何かご関係がありますか。

Wong's G.S. Huh? Ah, Jesus Christ? Me? Directly, you mean?

Fujii In our research, •Agnes Chow's guardian spirit told us that she has a connection with Jesus Christ. So…

Wong's G.S. She is great. But I…

Fujii Yes. You also have some connection with the Christian Spirit World?

Wong's G.S. I didn't meet Jesus Christ, like Pope cannot meet Jesus Christ. I am an ordinary person, so I cannot see Jesus Christ. I just pray for him.

•According to spiritual investigations conducted by Happy Science, Agnes Chow's soul is a piece of Jesus Christ's. See Ryuho Okawa, *Hong Kong Revolution: Spiritual Messages of the Guardian Spirits of Xi Jinping and Agnes Chow Ting* (Tokyo: HS Press, 2019).

6　キリスト教の力と限界について

ウォン守護霊　え、ああ、イエス・キリストですか。私が？　直接にということですか。

藤井　私たちの調査によれば、アグネス・チョウの守護霊は、彼女がイエス・キリストと関係があるとおっしゃっていました。ですから……。

ウォン守護霊　彼女は偉大ですが、私なんかは……。

藤井　はい。あなたも、キリスト教霊界と関係があるのではないですか。

ウォン守護霊　私はイエス・キリストに会ったことはありません。法王がイエス・キリストに会えないのと同じです。私は普通の人間なので、イエス・キリストに会ったりはできません。ただ、彼に祈るだけです。

●幸福の科学の霊査によれば、アグネス・チョウの魂はイエス・キリストの魂の「欠片」のような存在である。『自由のために、戦うべきは今―習近平 vs. アグネス・チョウ 守護霊霊言―』(幸福の科学出版刊)参照。

Ayaori Who's inspiration are you receiving in the Spirit World?

Wong's G.S. Oh… [*Sighs.*]

Ayaori Inspiration or support.

Wong's G.S. [*About 10 seconds of silence.*] I don't have a correct answer about that. I, myself, I mean the guardian spirit of Joshua Wong, myself, have been giving inspiration to him. No one above me did something to me. I, myself, am a core engine of Joshua Wong. My studying was not enough. My Christian knowledge is not enough. I am not independent, so it's very difficult. I don't know who I am exactly. My power, I don't know its limit.

Fujii As a guardian spirit, do you remember Joshua

綾織　霊界では、誰からインスピレーションを受けておられますか。

ウォン守護霊　ああ……（ため息）。

綾織　インスピレーション、あるいは支援は。

ウォン守護霊　（約10秒間の沈黙）その点については、正確な答えはわかりません。私自身つまりジョシュア・ウォンの守護霊自身が、彼にインスピレーションを与えています。私より上から、私に何かをしてくれる人はいません。私自身がジョシュア・ウォンの「主力エンジン」です。勉強は十分してこなかったんです。私のキリスト教の知識は不足しています。まだ自立できていないので、無理があります。自分が誰なのか、正確にはわかりません。自分の力や限界も、わかりません。

藤井　守護霊として、ジョシュア・ウォンの過去世を覚

Wong's past life?

Wong's G.S. Past life? No, in Christianity, we don't think about that, so I don't know.

Ayaori Do you have any spiritual bond to Ko Shuzen (Hong Xiuquan)*? Sorry, I don't know his English name or Chinese name. Taihei Tengoku no Ran (Taiping Rebellion)? Any connection?

Wong's G.S. I don't know him. I don't know about him, sorry.

Yoshii But you can say the faith of Christianity is the main engine to promote a movement to resist the Chinese Communist Party. OK. I think there

---

*Hong Xiuquan (1814 - 1864)
The leader of the Taiping Heavenly Kingdom in Qing China. He considered himself a Christian and organized a group called the God Worshippers Society, and started the Taiping Rebellion, but was defeated by the Qing forces, and later died of illness. See "*Taihei Tengoku no Ran" no Shukyo Kakumeika Ko Shuzen no Reigen* (lit. Spiritual Messages from Hong Xiuquan, the Religious Revolutionary of "the Taiping Rebellion") (Tokyo: IRH Press, 2017).

えていらっしゃいますか。

ウォン守護霊　過去世ですか。いえ、キリスト教ではそういうことは考えないので、わかりません。

綾織　洪秀全(こうしゅうぜん)（注）と何か結びつきはありますか。すみません、英語名や中国名はわからないのですが、太平天国の乱の。何かつながりはありますか。

ウォン守護霊　彼のことは知りません。彼についてはわかりません。すみません。

吉井　ただ、キリスト教信仰が、中国共産党に対する抗議行動を進めるための主力エンジンになっているということは言えますよね。わかりました。さまざまな動乱や

（注）洪秀全（1814〜1864）　中国・清朝期の太平天国の指導者。キリスト教に触れて拝上帝会を組織し、太平天国の乱を起こして清軍と戦ったが敗れ、病死した。『「太平天国の乱」の宗教革命家 洪秀全の霊言』（幸福の科学出版刊）参照。

are various turmoil, rebellion. Those who have Christian faith started this rebellion, and the turmoil in uprising of Taihei Tengoku or North China incident. These kinds of turmoil are more or less motivated by Christian people.

I think the "Hong Kong Revolution" is going on, and this kind of revolution is related closely to Christianity. What is the connection to Christianity in China? I think in China, traditionally, Confucius' teaching is rooted, but now the power of Christianity is very strong, and it's becoming stronger and stronger. Why is this kind of thing happening? Could you comment on that?

Wong's G.S. Orthodoxically, Beijing thinking is, "Christianity is the intruder's philosophy," they are apt to think like that. So, they are fearing about Christianity, and they use Marxism against

6　キリスト教の力と限界について

反乱があったと思います。今回の動乱は、キリスト教信仰を持つ方たちが起こしましたが、太平天国の乱や北清事変がありました。程度の差はありますが、こうした動乱はキリスト教徒が動機を与えたものでした。

　そして今、「香港革命」が進行中ですが、こうした革命はキリスト教と関係が深いように思います。中国におけるキリスト教とのつながりとは何なのでしょうか。中国では伝統的に、孔子の教えが根付いていますが、今はキリスト教の力が非常に強く、いっそう強くなっているように思います。なぜ、このようなことが起きているのでしょうか。何かコメントをいただけますか。

ウォン守護霊　正統的には、中国政府の考えは、「キリスト教は侵略者の思想である」というものです。彼らは、そう考える傾向があって、キリスト教を恐れているので、キリスト教に対抗するのにマルクス主義を用いてい

Christianity. And they use also the same Marxism for other Buddhist or Islamic resistance. So, in reality, they don't believe in Marxism, but they can use Marxism as a national symbol of coalition of the people. So, Mao Tse-tung was a famous leader of Marxism, so Marxism hates Christianity.

You said Christianity has a great influence on China, but Christianity is at the cliff of their destiny. I mean, all the Christian people in China, including Hong Kong, are at the danger of being perished by Xi Jinping in the near future, in these 10 or 20 years. So, almost 100 million people, Christian people, are in under-church now, I heard so, because they will be persecuted by Xi Jinping, so they cannot save us, even they are hidden Christians. One hundred million Christian people in China cannot save Hong Kong, it's a reality of China. So, Christianity is not so great in Hong Kong and in China.

ます。他の仏教やイスラム教の抵抗運動に対しても、同じくマルクス主義を用いています。実際にはマルクス主義を信じてはいないけれど、国民が連帯するための象徴としてマルクス主義を使えるわけです。だから、毛沢東は有名なマルクス主義のリーダーだったし、マルクス主義はキリスト教が嫌いなんです。

キリスト教が中国に多大な影響を与えていると言われましたが、キリスト教は実際は、運命の淵に立たされています。香港を含めて、中国のキリスト教徒は全員、近い将来、10年か20年のうちに、習近平によって滅ぼされる危険な状態にあります。1億人近いキリスト教徒が、習近平による迫害のために、現在、地下教会にいるということなので、彼ら〝隠れキリシタン〟が私たちを救うことはできません。中国1億人のキリスト教徒が香港を救えないというのが、中国の現実なんです。ですからキリスト教は、香港や中国にあってはそれほど大きな存在ではありません。

The mainstream should be Lao-tzu's teaching, it's just regarding the funeral of the people. And Confucianism is just used as a controlling power or teachings of Beijing politics because Confucius, he, himself, didn't say anything about faith or faith for God or Buddha, so they just attack that weak point. Confucianism has no credibility for faith. That is their main point to use Confucius or Confucius Institute all around the world.

Several decades before, ah, one decade, no, no, no, no, three or four decades before, or I don't know exactly, there was a four-people's bad politics, and at that time, Confucius also was attacked by them, but now, Beijing uses Confucianism to protect from Christianity, or Buddhism, or Hinduism, or Islam, or Japanese Shintoism. They are very clever regarding this point.

6 キリスト教の力と限界について

　主流は、老子の教えのはずですが、これは葬式にしか関係ありません。そして儒教は、中国政府の統治権力や教えのために利用されているにすぎません。孔子自身が信仰、神仏への信仰について何も語っていないので、その弱点を突かれているんです。儒教は、信仰に関しては当てになりません。そこが主眼(しゅがん)となって、彼らは世界中で孔子や孔子学院を利用しているんです。

　何十年か前、ああ、十年、いやいやいやいや、正確にはわかりませんが三十年か四十年前、「四人組」の悪政というのがあって、当時は孔子も彼らの攻撃対象になっていましたが、今は中国政府は儒教を使って、キリスト教、仏教、ヒンズー教、イスラム教、日本神道から身を守っています。この点は非常に頭のいいやり方です。

7 "We Just Seek for Freedom"

Ayaori Do you have a will or intention to spread freedom or democracy to mainland China through the Hong Kong Revolution?

Wong's G.S. It's very difficult. I'm a guardian spirit, but Joshua Wong who is living in this world never thinks about that because their power is very limited. They just want to protect Hong Kong, only. It's very difficult. It's just the only fortress for them, small, very small fortress.

They are just asking or plea for Chinese government, "Please let the seven million people living in Hong Kong free, like under the British government." So, they, including Joshua Wong, just want to live freely only, and never think to export or spread the freedom to all the Chinese area. It

7　求めるものは、ひたすら「自由」

綾織　香港革命を通して、中国本土に「自由」や「民主主義」を広げようという意図はありますか。

ウォン守護霊　それは非常に難しいです。私は守護霊ですが、この世に生きているジョシュア・ウォンは、そんなことはまったく考えていません。彼らの力は非常に限られたものですので。彼らは、香港を守りたいだけなんです。非常に難しいことなんです。香港は彼らにとって、たった一つの砦、小さな小さな砦なんです。

　彼らは中国政府に頼んでいるというか、嘆願しているんです。「どうか、700万の香港市民を、イギリス政府下の頃のように自由にしてほしい」と。ですから彼らは、ジョシュア・ウォンも含めて、ただ自由に生きたいだけであって、中国全土に自由を輸出して広げようなんて思ってもいません。そんなことをすれば、彼らの小さ

makes them very difficult to protect their own small fortress. I think so.

Fujii I think one of the biggest issues on Chinese government is, they are not just a totalitarian but also an atheist. I think you have a faith in God, so do you have any thoughts on that? Could you tell us about that? I think they cannot be justified in the eyes of God.

Wong's G.S. Hmm… Hmm… But they have strong points in economy. Even the atheists, I mean the people who don't believe in God, can enjoy materialistic prosperity through economic growth. And that is the main tool of Xi Jinping to control the 1400 million people. The economic growth is their main teachings of Xi Jinpingism, I think.

So, if there will occur some collapse in

な砦を守ることも難しくなってしまうと思います。

藤井　中国政府の最大の問題の一つは、全体主義者であるというだけでなく、無神論であることだと思います。あなたは神への信仰をお持ちだと思いますので、それに関して何か考えをお持ちでしょうか。それに関してお話しいただけますでしょうか。神の目から見て、彼らは正当化されることはできないと思います。

ウォン守護霊　うーん……うーん……ただ、彼らは経済に強みがありますので。無神論者でも、要するに神を信じない人々でも、経済成長を通して唯物的な繁栄を享受することはできます。それが、習近平が14億の人々を支配するための主たる道具なんです。経済成長が、習近平主義の〝基本教義〟だと思います。

　ですから、経済成長に何らかの崩壊が起きれば、国民

economic growth, the people will not believe in the Communist Party. So, it's a chance for other people who are hidden under the communist power. People are seeking for freedom, liberty, or self-help, or through self-help, prosperity, or capitalism, or other Western virtues. But it is after the stopping of Chinese growth. They are supported by Chinese growth of these 30 years.

Ayaori This fall, Master Ryuho Okawa will give a lecture in Canada. Is there anything you expect from Master's lecture?

Wong's G.S. OK. Please say something, "Help Hong Kong people. It's a God's Will." If Master can say so, some people will follow. Some mass media will follow him, and it's helpful. Please make its opinion import to Japan and spread to Japanese mass

7 求めるものは、ひたすら「自由」

は共産党を信じなくなるでしょう。その時が、共産党の権力の陰で身を潜めている他の人々にとってのチャンスです。国民は、「自由」や、「自助努力」、「自助努力からの繁栄」、「資本主義」、その他の西洋的な美徳を求めてるんです。でも、それは中国の成長が止まったあとのことです。彼らは、過去30年の中国の成長に支えられてきていますので。

綾織　この秋、大川隆法総裁はカナダで説法をする予定です。総裁の説法に何か期待することはありますか。

ウォン守護霊　はい。ぜひ、「香港の人々を助けよ。それが神の意志である」というようなことをおっしゃってください。総裁がそう言ってくだされば、それに従う人たちが出てくるでしょう。それに従うマスメディアも出てきて、助けになります。その意見を日本に輸入して、

media.

And please make Japanese people's will to make great belief in freedom or liberty. It's very, very important for human existence or human fundamental rights.

I, we, just seek for freedom, and… yeah, just freedom. Freedom of school, or freedom to say something, or freedom of expressing something, yeah.

Yoshii So, you mean, to promote "Hong Kong Revolution," to gather more voices to protect Hong Kong, these are important. And if we can gather more voices to protect, to cheer Hong Kong, it would lead to effective ways to protecting yourself. As you said…

Wong's G.S. Of course, of course, of course. Yes.

7　求めるものは、ひたすら「自由」

日本のマスメディアにも広めてください。

　そして、どうか日本人が、「自由」の価値を深く信じようという意志を持つようにしていただければと思います。それが人間存在にとって、基本的人権にとって、とてもとても大切なことなのです。

　私は、私たちが求めているのは、自由とそして……そう、ひたすら「自由」を求めています。学問の自由、何かを言うことのできる自由、何かを表現することのできる自由です、はい。

吉井　つまり、「香港革命」を推し進めるためには、「香港を守れ」という声をもっと集めることが大切だということですね。香港を守り、励ます声をもっと集めることができれば、香港を守るための効果的な方法になるということですね。あなたがおっしゃるように……。

ウォン守護霊　そう、そう、そのとおりです。イエス。

Yes. Yes. Yes.

Fujii Happy Science founder, Master Ryuho Okawa, defined this situation as "Hong Kong Revolution." Do you agree with that?

Wong's G.S. Yeah, we already experienced the Umbrella Revolution, so this is a democratic revolution again.

イエス。イエス。イエス。

藤井　幸福の科学の創立者であられる大川隆法総裁は、この状況を「香港革命」と定義されました。あなたも、それに賛成ですか。

ウォン守護霊　そうです。私たちはすでに雨傘革命を経験していますので、今回は再び、「民主化革命」です。

8 His Tendency to Seek for Tragedy?

Fujii I think you are one of the great revolutionaries.

Wong's G.S. I hope so, but I cannot make my… Joshua Wong's future. He will be easily kidnapped or killed by authorities.

He is not enough. Maybe some great people will follow after him, I think. Japanese people, some group will assist us. Your Happiness Realization Party assisted us, but failed to assist us and its influence made a peril on Agnes Chow. She is at the risk of killing by Xi Jinping now, so it's very difficult.

Ayaori I'm sorry for that.

Wong's G.S. As you examined, I am an ordinary

8　悲劇を求める傾向性？

藤井　あなたは偉大な革命家の一人であると思います。

ウォン守護霊　だといいですけど、私には自分の……ジョシュア・ウォンの未来を拓(ひら)くことはできません。彼はあっさり当局に誘拐(ゆうかい)されるか殺されてしまうでしょう。
　彼だけでは駄目です。偉大な人たちが何人か、彼の後に続くと思います。日本人にも、私たちを助けてくれる団体が出てくるでしょう。あなたがたの幸福実現党は助けてくれましたけど、助けそこなって、その影響でアグネス・チョウが危険にさらされてしまいました。彼女は習近平に殺される危険があるので、きわめて難しいところです。

綾織　その点は、申し訳なく思っています。

ウォン守護霊　あなたがたが調査したように、私は普通

Christian person. But Agnes Chow was, or is maybe an angel from heaven and related to Jesus Christ, you said so. So, please help Ms. Agnes Chow. I will die in the near future, so please save her in Japan, and we will continue our fighting.

Ayaori We will try to help her, save her.

Wong's G.S. I'm an ordinary person, so I can die easily.

Ayaori Japanese politicians never say they support Hong Kong protesters…

Wong's G.S. They are very, very "clever."

Ayaori Only the HRP says we support the Hong Kong people.

のキリスト教徒ですが、アグネス・チョウは天上界の天使で、イエス・キリストと関係があるかもしれないとのことでしたね。ですから、アグネス・チョウさんを助けてください。私は近いうちに死ぬでしょうから、彼女を日本で救ってくだされば、戦いを続けていくことができます。

綾織　彼女を助けられるよう、救えるよう、努力いたします。

ウォン守護霊　私は普通の人間なので、あっさり死んでいけますから。

綾織　日本の政治家は、「香港の抗議デモ参加者を支援する」とは絶対に言わず……。

ウォン守護霊　彼らは、非常に〝賢明〟ですからね。

綾織　幸福実現党だけが、「香港の人々を支持する」と言っています。

Wong's G.S. That is the reason of your failure in election, maybe. You are not profit-oriented. It's the main reason of your failure, but it's the main reason you are the power from God, like Jesus Christ. You are really the helpers for weaker people. I think so. I hope so. But you will fail because of your tendency. I think so.

Ayaori Tendency?

Wong's G.S. Yeah. You have same tendency like us.

Ayaori I don't think so, I'm afraid.

Wong's G.S. People love profit-seeking parties that deliver the profit to them. It's populism. You are not populists, but it's your defect, and it's your great point from the sight of God.

ウォン守護霊　そこが、あなたがたが選挙で落ちる理由かもしれませんよ。あなたがたは利益志向ではないので。そこが、あなたがたの失敗の主たる理由だけど、あなたがたがイエス・キリストのように「神からの力」であることの主たる理由でもあるんです。あなたがたこそ、本当の意味で弱者の味方だと思います。そうであってほしいと思いますが、その傾向性のせいで失敗すると思います。

綾織　傾向性ですか。

ウォン守護霊　はい。私たちと同じ傾向性です。

綾織　そんなことはないと思いますが。

ウォン守護霊　人は、自分たちに利益をもたらしてくれる利益追求型の政党が好きなんです。ポピュリズムですね。あなたがたはポピュリストではないですが、そこが欠点でもあり、神の視点から見て立派な点でもあります。

We are poor people. We lost our younger, beautiful, pleasure days already. We are already old-aged people, at the age of 22, but I'm almost 80 years old, old man. I lost my, haha… [*Sighs.*] I had no romance in my younger age.

Ayaori I think the Japanese people will understand our activities in the near future. I hope so.

Yoshii I think you attract more people than Agnes Chow. Currently in…

Wong's G.S. No, no, no. I'm not so beautiful face. If I were Bruce Lee-like figure or so, I can get more popularity.

Yoshii I think you are too humble. When you first came down here, you had the fighting pose, so you have some connections with fighters in your spiritual

私たちなんて気の毒なもんです。若くて美しい、喜びに満ちた日々は、もう失われてしまいました。22歳にして、すでに〝老人〟ですよ。私などは80歳近い、相当な老人です。私は、ハハ、私の……（ため息）もっと若かった頃もロマンスなんてなかったし。

綾織　日本人は、近いうちに私たちの活動を理解してくれると思います。そう願っています。

吉井　あなたは、アグネス・チョウさんより多くの人々を惹きつけていると思います。現在……。

ウォン守護霊　いえ、いえ、とんでもないです。そんなに美しい顔でもないし。ブルース・リーみたいな外見だったら、もっと人気が出るんですけどね。

吉井　すごく謙遜されていると思います。最初に登場されたとき、ファイティング・ポーズをとっていらしたので、霊的な過去世で、ファイターと関係があったのでは

past life?

Wong's G.S. Oh, I'm sorry. I cannot follow your reincarnation thinking. I'm just a Catholic person. I don't have enough time to study a lot in religion, so I'm sorry. I'm a poor student regarding knowledge.

Yoshii I think Agnes Chow has also Christian faith, but she explained that her guardian spirit has the connection to Japan in the past life, so…

Wong's G.S. She's higher than me in the soul level. But people want to use me because I can be a decoy, you know? When our enemy attacks someone, I am the decoy. I mean the *hyoteki* (target), you know? So, I'm a hyoteki, a decoy. And Chinese missiles will attack me, and Agnes Chow can escape. It's a reality of us.

ないでしょうか。

ウォン守護霊　ああ、すみません。あなたがたの転生輪廻の思想は理解できません。カトリック教徒でしかないので。宗教のことはあまり勉強する時間がなくて、すみません。知識面では駄目な学生なんです。

吉井　アグネス・チョウさんもキリスト教の信仰をお持ちだと思いますが、彼女の説明によれば、守護霊は過去世で日本と関係があったということで……。

ウォン守護霊　彼女は魂のレベル的には私より上ですので。でも、私のほうが、かつぎ出されるんです。私が「おとり」になれるからですよ。敵が誰かを攻撃するときは、私がおとりなんです。つまり「標的」ですよ。標的で、おとりです。私は中国のミサイルで攻撃されて、アグネス・チョウは逃げられるでしょう。それが私たちの実状です。

Yoshii You are going to return to Hong Kong in the last week of September. I think after that, you will take part in the movement. Hearing what you say, I think you can't see the future very much, now. So, I'd like to ask about what you will do after returning to Hong Kong.

Wong's G.S. Hmm. [*Sighs.*] Japanese movie, *TOO YOUNG TO DIE!*,* there was such kind of picture. Its title is for me, maybe.

I have been fighting for several years, and my destination is coming, I think. Some kind of tragedy doesn't save me, but will save our movement. After that, I want to be like Nelson Mandela, or Gandhiji, or Kennedy-like existence. The tragedy will await me, but [*sighs*] this kind of small, small young student and gigantic Xi Jinping [*laughs*]. It's Goliath† and a

---

* A Japanese movie released in 2016. A high school student dies from a freak accident and ends up in hell, but tries to return to this world. Comedy.

† A giant that appears in the Book of Samuel of the Old Testament. It is believed that King David of Israel, in his younger days, fought and defeated Goliath.

8 悲劇を求める傾向性？

吉井　あなたは9月の最後の週に香港に戻られますが、その後は、運動に参加されるでしょう。お話を伺っていると、これからの未来があまり見通せていないようにも思いました。香港に戻られた後、どうなってしまうのでしょうか。

ウォン守護霊　うーん。（ため息）日本映画の「TOO YOUNG TO DIE!」（注1）、そんな映画がありましたね。その題は、私のことかもしれません。

　もう何年か戦ってきました。最終目的地が近づいていると思います。何か悲劇が起きて、私は救われないけれど、私たちの活動は救われるでしょう。そこから先は、ネルソン・マンデラやガンジーやケネディのような存在になりたいと思っています。悲劇が私を待っていますが（ため息）、こんな小さな小さな若い学生と、巨大な習近平（笑）。ゴリアテ（注2）と小さな人間ですね。

(注1) 2016年公開の日本映画「TOO YOUNG TO DIE! 若くして死ぬ」。高校生が不慮の事故で亡くなって地獄に堕ち、現世に戻ろうとするコメディー映画。
(注2) 『旧約聖書』サムエル記に出てくる巨人。古代イスラエルの王ダビデが少年のころ、ゴリアテと戦って倒したとされる。

small person.

Ayaori Is it possible you were an activist in Tiananmen Square in 1989?

Wong's G.S. What do you mean? I cannot follow you.

Ayaori Did you die at the Tiananmen Square?

Wong's G.S. Ah! You asked me if I died at Tiananmen 1989 and reborn again in 10 years, and want to do this Joshu… You mean the guardian spirit, I, myself, was dead at Tiananmen?

Ayaori Is this possible?

Wong's G.S. Ah. [*Sighs.*]

綾織　1989年の天安門広場の活動家でいらしたという可能性はありますか。

ウォン守護霊　どういう意味ですか。ついていけないのですが。

綾織　あなたは天安門広場で亡くなられましたか。

ウォン守護霊　ああ！　こういう意味ですか。もしかすると私は1989年に天安門で死んで、10年後に再び生まれ変わって、またジョシュ……ああ、守護霊のほうですか。この私が、天安門で死んだのかということですね。

綾織　その可能性はありますか。

ウォン守護霊　ああ（ため息）。

8 His Tendency to Seek for Tragedy?

Ayaori Can you imagine?

Wong's G.S. Maybe not. Maybe not. But hmm… Hmm… But I like the priest Martin Luther King, Jr. in the United States of America. I want to live like him. So if I try, I can make a connection with him, I think so. This is my best. I cannot reach Jesus Christ, so I'm asking Martin Luther King to help me.

But he is still thinking about that. He, himself, is very busy about the African-American people, to save the black people from discrimination, so he wants to say, "Hong Kong should do as you think you should do." So, he doesn't have enough power to stand up with Hong Kong people, but I want to live like Martin Luther King, Jr. It would be my best life.

8　悲劇を求める傾向性？

綾織　想像できますか。

ウォン守護霊　たぶん、違います。違うでしょう。でも、うーん……うーん……でも、アメリカのマーティン・ルーサー・キング牧師は好きです。彼のように生きたいと思います。頑張れば、彼とつながることができると思います。私としては、そのへんが精一杯です。イエス・キリストには届きませんので、マーティン・ルーサー・キングに助けを求めているんです。

　でも、彼はまだ考え中です。彼自身は、アフリカ系アメリカ人を、黒人を差別から救うのに手一杯なので、「香港は、あなたが『こうすべきだ』と思うようにすればいい」と言いたいんですよ。ですから、彼には香港市民と共に立ち上がるほどの余力はありませんが、私もマーティン・ルーサー・キング・ジュニアのように生きたいと思います。それが私にとって最高の人生です。

9 This is God's Revolution

Fujii I think it's high time to conclude our conversation. I believe this is a very precious opportunity to deliver your voice, not only to Japanese, but to people all over the world. So, could you give us your message? Please.

Wong's G.S. [*Takes two deep breaths.*] All I can do is self-sacrifice, maybe. I have very much distance from Jesus Christ, but I want to be one of the disciples of Jesus Christ. So, I will not run away, and I want to make a self-sacrifice before the justice will stand up in Hong Kong.

You taught us that to protect Hong Kong is to protect Taiwan and to protect Japan. They are good words, so please spread these words to the world. To protect Hong Kong, to protect Taiwan, to protect

9　これは「神の革命」である

藤井　そろそろ、この対話を終えるお時間のようです。今回は、あなたの声を日本人だけでなく世界中の人々に届ける非常に貴重な機会だと思いますので、何かメッセージをお願いできますでしょうか。

ウォン守護霊　（二回、深呼吸をする）私にできることは、「自己犠牲」だけかもしれません。私はイエス・キリストからは、はるかに距離がありますが、イエス・キリストの弟子の一人でありたいと思います。ですから逃げることなく、香港に正義が打ち立てられる前に、自己犠牲を捧(ささ)げたいと思います。

　「香港を守ることは台湾を守ることであり、日本を守ることである」と教えていただきました。素晴らしい言葉です。どうか、その言葉を全世界に広めてください。香港を守り、台湾を守り、日本を守り、アジアの人々を

Japan, and to protect Asian people, and to protect African people, Middle East people, and European people. Beijing, China is a totalitarian system. This is just the Hitler-like system, so please choose which is righteous, which is under the mercy of God.

Please assist us. Please aid us. Please push us into the glory of God. I hope so. I'm very young, so I don't have enough words. I'm not a clever man, so you, enoughly grown-up people, will teach us the common wisdom of the world.

And please show mainland China people, what is their way, what is their future, what should be their future. Please teach them. But it's beyond our power. We are just protecting our small, small district only.

So, there will need more power. If Happy Science has such kind of power, it's up to you. Please save us, or save Chinese people, or save world

守り、アフリカの人々、中東やヨーロッパの人々を守る。中国政府は「全体主義体制」です。「ヒトラー的体制」にほかなりません。どちらが正しいか、どちらが神の慈悲のもとにあるか、選んでください。

　どうか、私たちに力を貸してください。助けてください。神の栄光に向けて後押ししてください。それを願っています。私は若いので、言葉が足りないんです。頭もよくありません。あなたがた、十分に成熟した大人の方たちが、世界共通の智慧を教えてくださるでしょう。

　そして、中国本土の人たちに、彼らの歩む道や未来とは何か、彼らの未来はどうあるべきなのかを示してください。教えてあげてください。私たちの力はそこまで及びません。自分たちの狭い狭い地域を守っているにすぎません。

　ですから、もっと力が必要です。幸福の科学にそうした力があるなら、それはあなたがたのお仕事です。どうか、私たちと中国の人たちを救い、世界の正義を救って

justice. It's beyond us.

If you can, please wish to complete the mission of God. I hope so. I don't know who is or what is God in reality, but you know about God, so it's your duty or your mission.

I'm very happy to meet you. There are a lot of friends in the world, and in Japan. Please help us and be friends with us. Don't forsake us or, I mean, disregard us. And if you can receive the meaning of God's will and if our activities are in line with God's will, please help us, and please convey the voice of Hong Kong people to the world.

The number of the people, we are 7 million people, and mainland has 1400 million people, but the number doesn't mean what is justice. Justice sometimes is a very small one, small

9 これは「神の革命」である

ください。それは私たちの任を超えています。

　もしできることなら、「神の使命を果たそう」と願っていただければと思います。神とは実際には、どんな方なのか、どんな存在なのか、私にはわかりませんが、あなたがたは神についてご存じですから、それが、あなたがたの務めであり、あなたがたの使命です。

　お会いすることができて、本当に幸せに思っています。世界中にも、日本にも、こんなに友人がいるなんて。どうか、私たちを助けて、友だちになってください。私たちを見捨てないで、無視しないでください。あなたがたが、神の心が意味するものを受け取ることができ、私たちの活動が神の心にかなったものであるのなら、どうか力を貸してください。どうか、香港市民の声を世界中に伝えてください。

　人数で言えば、私たちは700万人で、中国本土には14億の人々がいますが、数字が正義を意味するわけではありません。正義は、非常に小さな存在、少数の人々であることもあります。時には「正義はソクラテスだけ、

people. Sometimes, it was only one person, like righteousness on Socrates only, or like Jesus Christ only. Only one person has God's justice. Such cases are sometimes seen in the history of the world. So, I want to be such kind of person.

Please help me, and please help our activities. Please push up our movement. This is God's revolution. So, please tell them. Tell Japanese government, and Japanese people, and Japanese mass media, and through them to the world. I hope so.

Fujii Thank you so much for giving your comment. Please rely on Happy Science and Master Ryuho Okawa.

Wong's G.S. Ah, really?

Fujii We promise to deliver your voice to the world.

イエス・キリストだけ」というように、一人だけが正しいこともあるのです。たった一人の人間の側(がわ)に、神の正義がある。世界史の中では、そうしたケースが見られることもあります。私はそういう人間になりたいと思います。

　どうか私に、私たちの活動に力をお貸しください。私たちの運動を後押ししてください。これは「神の革命」です。ですから、どうか伝えてください。日本の政府や日本の人たちに、日本のマスメディアに、そして彼らを通して全世界に伝えてくださることを、願っています。

藤井　コメントをいただき、本当にありがとうございます。どうか幸福の科学を、そして大川隆法総裁を頼りにしてください。

ウォン守護霊　ああ、本当ですか。

藤井　あなたの声を世界に届けることをお約束します。

Wong's G.S. If you have any chance, I want to meet you all.

Fujii Yes, thank you so much.

Wong's G.S. You, Happy Science, can keep friends with us. We'll rely on you. But you have some kind of persecution from Beijing, so it's your difficulty. So, please make up your mind and assist us. Thank you very much.

Fujii Thank you very much. This concludes the conversation.

ウォン守護霊　機会があれば、みなさんとお会いしたいですね。

藤井　はい、ありがとうございます。

ウォン守護霊　あなたがた幸福の科学とは、友だちになれそうですね。頼りにさせていただきます。でも、あなたがたは中国政府からある種の迫害を受けているので、大変かと思います。ですから、どうか覚悟を決めて、助けてくだされればと思います。ありがとうございます。

藤井　ありがとうございます。以上で対話を終えたいと思います。

10 After the Spiritual Interview

Ryuho Okawa [*Claps once.*] Thank you very much. Oh, Joshua Wong. We cannot get his real entity in this conversation. He doesn't understand reincarnation, like common Christian people. It depends on his activities and his own history. It will show what he is and who he is. In the near future, we can understand who he really is.

But he now thinks that he is one college student, and has small knowledge to confront with a great country, and he is suffering a lot now. So firstly, we must be friends with them.

We, ourselves, have difficulties of course, but I also want to say that to protect Hong Kong is to protect Taiwan, and it means to protect Japan and the Asian people, and stop Xi Jinping's one-person dictatorship. I think so. Thank you very much.

10　霊言を終えて

大川隆法　（一回、手を叩く）ありがとうございます。うん、ジョシュア・ウォン。今日の対話からは、彼の本質まではつかめませんでした。一般的なクリスチャン同様、転生輪廻は理解していませんでした。彼の活動と、彼自身の人生の歴史が、彼が何者であり誰であるかを教えてくれるでしょう。近い将来、彼が本当は誰なのか、わかることと思います。

　ただ彼自身は今、「自分は一学生にすぎず、大国に立ち向かうにはわずかな知識しか持っていない」と思って、非常に苦しんでいるところです。ですから、まずは私たちが彼らと友人にならなければいけません。

　もちろん、私たち自身にも数多くの困難はありますが、「香港を守ることは台湾を守ることであり、それは日本とアジアの人々を守り、習近平の一人独裁体制を終わらせることでもある」。そのこともまた、言っておきたいと思います。ありがとうございました。

『ジョシュア・ウォン守護霊の英語霊言』関連書籍

『自由のために、戦うべきは今』
『日本の使命』
『愛は憎しみを超えて』
『「太平天国の乱」の宗教革命家 洪秀全の霊言』

（いずれも大川隆法著、幸福の科学出版刊）

ジョシュア・ウォン守護霊の英語霊言
──自由を守りぬく覚悟──

2019年9月25日　初版第1刷

著　者　　大　川　隆　法
発行所　　幸福の科学出版株式会社

〒107-0052　東京都港区赤坂2丁目10番14号
TEL(03)5573-7700
https://www.irhpress.co.jp/

印刷・製本　　株式会社 研文社

落丁・乱丁本はおとりかえいたします
©Ryuho Okawa 2019. Printed in Japan. 検印省略
ISBN 978-4-8233-0122-3 C0030
カバー AFP＝時事 /p.12 AFP＝時事
装丁・写真（上記・パブリックドメインを除く）© 幸福の科学

大川隆法 著作シリーズ・日本が果たすべき使命

愛は憎しみを超えて
中国を民主化させる日本と台湾の使命

中国に台湾の民主主義を広げよ——。この「中台問題」の正論が、第三次世界大戦の勃発をくい止める。台湾と名古屋での講演を収録した著者渾身の一冊。

1,500円

自由・民主・信仰の世界
日本と世界の未来ビジョン

国民が幸福であり続けるために——。未来を拓くための視点から、日米台の関係強化や北朝鮮問題、日露平和条約などについて、日本の指針を示す。

1,500円

リーダー国家
日本の針路

緊迫する中東情勢をどう見るか。世界教師が示す、日本の針路と世界正義。イランのハメネイ師とイスラエルのネタニヤフ首相の守護霊霊言を同時収録。

1,500円

幸福の科学出版

大川隆法 霊言シリーズ・香港の未来を拓くために

習近平の娘・習明沢の守護霊霊言

―「14億人監視社会」陰のリーダーの"本心"を探る―

2030年から35年に米国を超え、世界制覇の野望を抱く中国。その「監視社会」を陰で操る、習近平の娘・習明沢の恐るべき計画とは。毛沢東の後継者・華国鋒の霊言も収録。

1,400円

自由のために、戦うべきは今

―習近平 vs. アグネス・チョウ 守護霊霊言―(香港革命)

世界が注視し、予断を許さない香港デモ。中国の全体主義に対し、「自由の創設」をめざして香港で「革命」が起こっている。天草四郎の霊言、ハンナ・アレントの霊言も収録。

1,400円

日本の使命

「正義」を世界に発信できる国家へ

哲学なき安倍外交の限界と、東洋の盟主・日本の使命を語る。香港民主活動家アグネス・チョウ守護霊、イランのハメネイ師&ロウハニ大統領守護霊霊言を同時収録。

1,500円

※表示価格は本体価格(税別)です。

大川隆法シリーズ・最新刊

オスカー・ワイルドの霊言
ほんとうの愛とLGBT問題

英語霊言
日本語訳付き

世界で広がるLGBTの新しい波。同性愛はどこまで許されるのか。真の愛、真の美とは何であるのか。イギリス世紀末文学の代表的作家が、死後119年目の本心を語る。

1,400円

映画監督サム・ライミが描く光と闇
─Deep Into "Sam Raimi"─

英語霊言
日本語訳付き

闇を知ることは、光を知ることになる。映画界の巨匠が語る「悪霊」「憑依」「エクソシスト」、そして「神」。「スパイダーマン」シリーズからホラーまで、その創作の秘密に迫る!

1,400円

I Can！ 私はできる!
夢を実現する黄金の鍵

英語説法
日本語訳付き

「I Can!」は魔法の言葉──。仕事で成功したい、夢を叶えたい、あなたの人生を豊かにし、未来を成功に導くための、「黄金の鍵」が与えられる。

1,500円

幸福の科学出版

大川隆法「法シリーズ」

青銅の法

法シリーズ第25作

人類のルーツに目覚め、愛に生きる

限りある人生のなかで、
永遠の真理をつかむ——。
地球の起源と未来、宇宙の神秘、
そして「愛」の持つ力を明かした、
待望の法シリーズ最新刊。

第1章 情熱の高め方
── 無私のリーダーシップを目指す生き方
第2章 自己犠牲の精神
── 世のため人のために尽くす生き方
第3章 青銅の扉
── 現代の国際社会で求められる信仰者の生き方
第4章 宇宙時代の幕開け
── 自由、民主、信仰を広げるミッションに生きる
第5章 愛を広げる力
── あなたを突き動かす「神の愛」のエネルギー

2,000円

ワールド・ティーチャーが贈る「不滅の真理」

「仏法真理の全体像」と「新時代の価値観」を示す法シリーズ！
全国書店にて好評発売中！

※表示価格は本体価格（税別）です。

出会えたひと、すべてが宝物。

限りある人生を、あなたはどう生きますか?
世代を超えた心のふれあいから、「生きるって何?」を描きだす。

光り合う生命。
ドキュメンタリー映画
いのち
— 心に寄り添う。2 —

企画／大川隆法

メインテーマ「光り合う生命。」挿入歌「青春の輝き」作詞・作曲／大川隆法

出演／希島凜 渡辺優凜 監督／奥津貴之 音楽／水澤有一 製作／ARI Production 配給／東京テアトル ©2019 ARI Production

全国の幸福の科学支部・精舎で公開中!

――真実は、絶対に死なない。

世界から希望が消えたなら。

世界で22冠

サンディエゴ
国際映画祭 2019
公式選出作品

マドリード国際映画祭2019
外国語映画部門
最優秀監督賞

マドリード国際映画祭2019　外国語映画部門　最優秀作品賞ノミネート／フローレンス映画祭2019（7月度）長編部門名誉賞受賞／フローレンス映画祭2019（7月度）脚本賞受賞／アウェアネス映画祭2019　功労賞受賞／バルセロナ国際映画祭2019　カステル賞受賞／インディ・ビジョンズ映画祭2019（7月度）物語部門受賞／ダイヤモンド映画祭2019（7月度）物語部門受賞／ザ・サウス映画芸術祭2019（8月度）長編部門　名誉主演男優賞受賞／ザ・サウス映画芸術祭2019（8月度）長編部門　最優秀ファンタジー賞受賞／ザ・サウス映画芸術祭2019（8月度）長編部門　名誉監督賞受賞／ザ・サウス映画芸術祭2019（8月度）長編部門　名誉脚本賞受賞／ザ・サウス映画芸術祭2019（8月度）長編部門　名誉オリジナル楽曲賞受賞／ザ・サウス映画芸術祭2019（8月度）長編部門　名誉プロダクション賞受賞／ザ・サウス映画芸術祭2019（8月度）長編部門　名誉美術監督賞受賞／ザ・サウス映画芸術祭2019（8月度）長編部門　最優秀 VFX 賞受賞／フェスティジャス映画祭2019（8月度）最優秀原作賞受賞／フェスティジャス映画祭2019（8月度）最優秀作品賞受賞／フェスティジャス映画祭2019（8月度）最優秀長編物語賞受賞／フェスティジャス映画祭2019（8月度）最優秀インスピレーション賞受賞／CKF 国際映画祭 2019（8月度）最優秀長編作品賞／CKF 国際映画祭 2019（8月度）最優秀海外主演男優賞／コルカタ国際カルト映画祭 2019（8月度）物語部門　功績賞　　　※9月時点

製作総指揮・原案　大川隆法

竹内久顕　千眼美子　さとう珠緒
芦川よしみ　石橋保　木下渓　小倉一郎　大浦龍宇一　河相我聞　田村亮

監督／赤羽博　音楽／水澤有一　脚本／大川咲也加
製作／幸福の科学出版　製作協力／ARI Production　ニュースター・プロダクション
制作プロダクション／ジャンゴフィルム　配給／日活　配給協力／東京テアトル　©2019 IRH Press　sekai-kibou.jp

10.18
日米同時公開

幸福の科学グループのご案内

宗教、教育、政治、出版などの活動を通じて、地球的ユートピアの実現を目指しています。

幸福の科学

1986年に立宗。信仰の対象は、地球系霊団の最高大霊、主エル・カンターレ。世界100カ国以上の国々に信者を持ち、全人類救済という尊い使命のもと、信者は、「愛」と「悟り」と「ユートピア建設」の教えの実践、伝道に励んでいます。

（2019年9月現在）

愛　幸福の科学の「愛」とは、与える愛です。これは、仏教の慈悲や布施の精神と同じことです。信者は、仏法真理をお伝えすることを通して、多くの方に幸福な人生を送っていただくための活動に励んでいます。

悟り　「悟り」とは、自らが仏の子であることを知るということです。教学や精神統一によって心を磨き、智慧を得て悩みを解決すると共に、天使・菩薩の境地を目指し、より多くの人を救える力を身につけていきます。

ユートピア建設　私たち人間は、地上に理想世界を建設するという尊い使命を持って生まれてきています。社会の悪を押しとどめ、善を推し進めるために、信者はさまざまな活動に積極的に参加しています。

国内外の世界で貧困や災害、心の病で苦しんでいる人々に対しては、現地メンバーや支援団体と連携して、物心両面にわたり、あらゆる手段で手を差し伸べています。

年間約2万人の自殺者を減らすため、全国各地で街頭キャンペーンを展開しています。

公式サイト www.withyou-hs.net

ヘレン・ケラーを理想として活動する、ハンディキャップを持つ方とボランティアの会です。視聴覚障害者、肢体不自由な方々に仏法真理を学んでいただくための、さまざまなサポートをしています。

公式サイト www.helen-hs.net

入会のご案内

幸福の科学では、大川隆法総裁が説く仏法真理をもとに、「どうすれば幸福になれるのか、また、他の人を幸福にできるのか」を学び、実践しています。

仏法真理を学んでみたい方へ

大川隆法総裁の教えを信じ、学ぼうとする方なら、どなたでも入会できます。入会された方には、『入会版「正心法語」』が授与されます。

ネット入会 入会ご希望の方はネットからも入会できます。
happy-science.jp/joinus

信仰をさらに深めたい方へ

仏弟子としてさらに信仰を深めたい方は、仏・法・僧の三宝への帰依を誓う「三帰誓願式」を受けることができます。三帰誓願者には、『仏説・正心法語』『祈願文①』『祈願文②』『エル・カンターレへの祈り』が授与されます。

幸福の科学 サービスセンター
TEL 03-5793-1727
受付時間／火〜金：10〜20時　土・日祝：10〜18時（月曜を除く）

幸福の科学 公式サイト
happy-science.jp

幸福の科学グループの教育・人材養成事業

教育 HSU ハッピー・サイエンス・ユニバーシティ
Happy Science University

ハッピー・サイエンス・ユニバーシティとは

ハッピー・サイエンス・ユニバーシティ（HSU）は、大川隆法総裁が設立された「現代の松下村塾」であり、「日本発の本格私学」です。建学の精神として「幸福の探究と新文明の創造」を掲げ、チャレンジ精神にあふれ、新時代を切り拓く人材の輩出を目指します。

人間幸福学部　　経営成功学部　　未来産業学部

HSU長生キャンパス　TEL 0475-32-7770
〒299-4325　千葉県長生郡長生村一松丙 4427-1

未来創造学部

HSU未来創造・東京キャンパス
TEL 03-3699-7707
〒136-0076　東京都江東区南砂2-6-5

公式サイト **happy-science.university**

学校法人 幸福の科学学園

学校法人 幸福の科学学園は、幸福の科学の教育理念のもとにつくられた教育機関です。人間にとって最も大切な宗教教育の導入を通じて精神性を高めながら、ユートピア建設に貢献する人材輩出を目指しています。

幸福の科学学園
中学校・高等学校（那須本校）
2010年4月開校・栃木県那須郡（男女共学・全寮制）
TEL **0287-75-7777**　公式サイト **happy-science.ac.jp**

関西中学校・高等学校（関西校）
2013年4月開校・滋賀県大津市（男女共学・寮及び通学）
TEL **077-573-7774**　公式サイト **kansai.happy-science.ac.jp**

幸福の科学グループの教育・人材養成事業

仏法真理塾「サクセスNo.1」

全国に本校・拠点・支部校を展開する、幸福の科学による信仰教育の機関です。小学生・中学生・高校生を対象に、信仰教育・徳育にウエイトを置きつつ、将来、社会人として活躍するための学力養成にも力を注いでいます。
TEL 03-5750-0747（東京本校）

エンゼルプランV　**TEL** 03-5750-0757
幼少時からの心の教育を大切にして、信仰をベースにした幼児教育を行っています。

不登校児支援スクール「ネバー・マインド」　**TEL** 03-5750-1741
心の面からのアプローチを重視して、不登校の子供たちを支援しています。

ユー・アー・エンゼル！（あなたは天使！）運動
一般社団法人 ユー・アー・エンゼル　**TEL** 03-6426-7797
障害児の不安や悩みに取り組み、ご両親を励まし、勇気づける、
障害児支援のボランティア運動を展開しています。

NPO活動支援

学校からのいじめ追放を目指し、さまざまな社会提言をしています。また、各地でのシンポジウムや学校への啓発ポスター掲示等に取り組む一般財団法人「いじめから子供を守ろうネットワーク」を支援しています。
公式サイト mamoro.org　**ブログ** blog.mamoro.org
相談窓口 TEL.03-5544-8989

百歳まで生きる会

「百歳まで生きる会」は、生涯現役人生を掲げ、友達づくり、生きがいづくりをめざしている幸福の科学のシニア信者の集まりです。

シニア・プラン21

生涯反省で人生を再生・新生し、希望に満ちた生涯現役人生を生きる仏法真理道場です。定期的に開催される研修には、年齢を問わず、多くの方が参加しています。全世界200カ所（国内187カ所、海外13カ所）で開校中。

【東京校】**TEL** 03-6384-0778　**FAX** 03-6384-0779
メール senior-plan@kofuku-no-kagaku.or.jp

幸福の科学グループ事業

幸福実現党 釈量子サイト
shaku-ryoko.net

Twitter
釈量子@shakuryoko
で検索

党の機関紙
「幸福実現NEWS」

政治

幸福実現党

内憂外患(ないゆうがいかん)の国難に立ち向かうべく、2009年5月に幸福実現党を立党しました。創立者である大川隆法党総裁の精神的指導のもと、宗教だけでは解決できない問題に取り組み、幸福を具体化するための力になっています。

幸福実現党 党員募集中

あなたも幸福を実現する政治に参画しませんか。

- 幸福実現党の理念と綱領、政策に賛同する18歳以上の方なら、どなたでも参加いただけます。
- 党費:正党員(年額5千円[学生 年額2千円])、特別党員(年額10万円以上)、家族党員(年額2千円)
- 党員資格は党費を入金された日から1年間です。
- 正党員、特別党員の皆様には機関紙「幸福実現NEWS(党員版)」(不定期発行)が送付されます。

＊申込書は、下記、幸福実現党公式サイトでダウンロードできます。
住所:〒107-0052 東京都港区赤坂2-10-8 6階 幸福実現党本部

TEL 03-6441-0754　FAX 03-6441-0764
公式サイト hr-party.jp

幸福の科学グループ事業

幸福の科学出版

出版メディア事業

大川隆法総裁の仏法真理の書を中心に、ビジネス、自己啓発、小説など、さまざまなジャンルの書籍・雑誌を出版しています。他にも、映画事業、文学・学術発展のための振興事業、テレビ・ラジオ番組の提供など、幸福の科学文化を広げる事業を行っています。

アー・ユー・ハッピー？
are-you-happy.com

ザ・リバティ
the-liberty.com

幸福の科学出版
TEL 03-5573-7700
公式サイト irhpress.co.jp

ザ・ファクト
マスコミが報道しない「事実」を世界に伝えるネット・オピニオン番組
YouTubeにて随時好評配信中！

芸能文化事業

ニュースター・プロダクション

「新時代の美」を創造する芸能プロダクションです。多くの方々に良き感化を与えられるような魅力あふれるタレントを世に送り出すべく、日々、活動しています。

公式サイト newstarpro.co.jp

ARI Production
アリ プロダクション

タレント一人ひとりの個性や魅力を引き出し、「新時代を創造するエンターテインメント」をコンセプトに、世の中に精神的価値のある作品を提供していく芸能プロダクションです。

公式サイト aripro.co.jp

大川隆法　講演会のご案内

大川隆法総裁の講演会が全国各地で開催されています。講演のなかでは、毎回、「世界教師」としての立場から、幸福な人生を生きるための心の教えをはじめ、世界各地で起きている宗教対立、紛争、国際政治や経済といった時事問題に対する指針など、日本と世界がさらなる繁栄の未来を実現するための道筋が示されています。

2019年5月14日 幕張メッセ「自由・民主・信仰の世界」

2019年3月3日 グランド ハイアット 台北（台湾）「愛は憎しみを超えて」

2019年7月5日 福岡国際センター「人生に自信を持て」

2018年10月7日 ザ・リッツカールトン ベルリン（ドイツ）「Love for the Future」

2019年7月13日 ホテル イースト21 東京「幸福への論点」

講演会には、どなたでもご参加いただけます。
最新の講演会の開催情報はこちらへ。　→　大川隆法総裁公式サイト
https://ryuho-okawa.org